RHITH 7 RHYFEDDOD

NÔL WEDI DWY FLYNEDD O YMCHWIL

DYCHWELODD y saith aelod o dîm ymchwil ethnograffeg Mahogany-Flake i ddinas Llynlleifiad heddiw, adref yn ôl i Ewrop wedi'r daith dwy flynedd trwy diroedd pell Periw a Bolifia yn Ne America.

Aeth eu hymchwil gwyddonol â'r tîm i ddyfnderoedd gwledydd De America i ddod o hyd i feddrodau llinach frenhinol yr Inca. Mewn un beddrod, cafwyd mymi wedi'i rwymo a'i wisgo ag eurdorch ynghyd â borla, sef penwisg brenhinol a saerniwyd o aur pur. Gyda thystiolaeth yr arysgrifau claddu, profwyd mai beddrod yr Inca Rascar Capac ydoedd, cyn i'r tîm ddatgladdu'r mymi er mwyn dychwelyd ag ef i Ewrop.

"Gwae goron balchder meddwon Ephraim!" Dallta di hynny, hogyn bach...

Ym... sori... Gwae beth?

Hel mymis, hel bulus! Cofia di be dwi'n ddeud, hog! 'Mochal efo'r meirw, yn union fatha Twtianakamen 'nde...

Glywist ti am ddirgelwch marwolaethau'r holl Eifftolegwyr yna 'ndo? Y cyfan ar ôl agor beddrod y Pharo a datgladdu'r hen gog... Dallta di, yr un fydd tynged y giwed ffyliad yma, yn 'mochal a busnesa efo beddrod yr Inca!... 'Sgynnon nhw ddim hawl gneud hynny, nacoes?

Wel, na...

Yn hollol! Yn bendant, na!... Gadael i'r meirw orwedd mewn hedd, dyna ddylsan nhw neud... Be fysa ni'n deud tasa rhyw hogia dwl o Bolifia yn dod yma ac yn dechra datgladdu'r saint ar Ynys Enlli?! Fysan ni ddim yn hapus efo hynny, na fysan?

Wel, ym...

O, rhaid i chi faddau i mi, rwy'n ymadael â'r trên fan hyn...

MABELDWY

ALLAN

A dyma ni!

Bore da, Nestor! Ydy'r Capten wedi codi o'i wely?

Cyfarchion, Mistar Tintin. Ydy, mae'r meistr wedi codi, ac wedi mynd allan i farchogaeth y mers...

Mi fydd yn ôl cyn hir, dybiwn i. Ac ar y gair...

Dyma'r ceffyl...

!

A dyma'r meistr...

Shwmae, Capten!

Hawddamor! Hawddamor! Ym, sgiwswch fi am funud, wnewch chi...

Nestor!... Nestor!... Monocl glân i mi!

ANTURIAETHAU TINTIN

ADDASIAD
DAFYDD JONES

dalenllyfrau.com

Rhith Saith Rhyfeddod yw un o nifer o lyfrau straeon
stribed gorau'r byd sy'n cael eu cyhoeddi gan Dalen yn
Gymraeg ar gyfer darllenwyr o bob oed. I gael gwybod
mwy am ein llyfrau, cliciwch ar ein gwefan
dalenllyfrau.com

Tintin o gwmpas y Byd

Affricaneg Human & Rousseau
Almaeneg Carlsen Verlag
Arabeg Elias Modern Publishing House
Armeneg Éditions Sigest
Asameg Chhaya Prakashani
Bengaleg Ananda Publishers
Catalaneg Juventud
Cernyweg Dalen Kernow
Corëeg Sol Publishing
Creoleg Caraïbeeditions
Creoleg (Réunion) Epsilon Éditions
Croateg Algoritam
Cymraeg Dalen (Llyfrau)
Daneg Cobolt
Eidaleg RCS Libri
Estoneg Tänapäev
Ffinneg Otava
Ffrangeg Casterman
Gaeleg Dalen Alba
Groeg Mamouthcomix
Gwyddeleg Dalen Éireann
Hindi Om Books
Hwngareg Egmont Hungary
Indoneseg PT Gramedia Pustaka Utama
Isalmaeneg Casterman

Islandeg Forlagið
Latfieg Zvaigzne ABC
Lithwaneg Alma Littera
Llydaweg Casterman
Norwyeg Egmont Serieforlaget
Portiwgaleg Edições ASA
Portiwgaleg (Brasil) Companhia das Letras
Pwyleg Egmont Polska
Rwmaneg Editura M.M. Europe
Rwsieg Atticus Publishers
Saesneg Egmont UK
Saesneg (UDA) Little, Brown & Co (Hachette Books)
Sbaeneg Juventud
Serbeg Media II D.O.O.
Sgoteg Dalen Scot
Siapanaeg Fukuinkan Shoten Publishers
Slofeneg Učila International
Swedeg Bonnier Carlsen
Thai Nation Egmont Edutainment
Tsieceg Albatros
Tsieinëeg (Cymhleth) (Hong Kong) The Commercial Press
Tsieinëeg (Cymhleth) (Taiwan) Commonwealth Magazines
Tsieinëeg (Syml) China Children's Press & Publication Group
Twrceg Inkilâp Kitabevi
Cyhoeddir Tintin hefyd mewn nifer o dafodieithoedd

Les Sept Boules de Cristal
Hawlfraint © Casterman 1948
Hawlfraint © y testun Cymraeg gan Dalen (Llyfrau) Cyf 2017

Cyhoeddwyd yn unol â chytundeb ag Éditions Casterman
Cyhoeddwyd yn gyntaf yn 2017 gan Dalen (Llyfrau) Cyf, Glandŵr, Tresaith, Ceredigion SA43 2JH
Mae Dalen yn cydnabod cefnogaeth ariannol Cyngor Llyfrau Cymru
Llythrennu gan Lannig Treseizh
ISBN 978-1-906587-85-7

Argraffwyd yng Nghymru gan Cambrian

Ar unwaith, syr...

Diolch i chi, Nestor.

Wel ar fy ngwir! Tintin! Chwychwi a chwychwithau! O ymchwydd dyfrchwydd y don, braf eich gweld!

Pa awel deg sy'n chwythu heddiw?

Galw i ddweud helo, dyna'r cyfan... Shwd ŷch chi a'r Athro Efflwfia yn setlo yn eich cartre newydd?

Rhagorol, rhagorol... Felly hefyd yr Athro anrhydeddus, ar drywydd rhyw chwilen byth a hefyd... Mae'n argyhoeddiedig fod siambr gladdu chwe mil o flynyddoedd oed yn yr ardd yn rhywle, ac mae'n benderfynol o ddod o hyd iddo.

Bore da, Athro Efflwfia!

Jiawcs! Y crwtyn bach Tintin! Wel, 'ma syrpreis neis!

Odych chi'n pitsho'ch pabell fan hyn am sbelen?

Na, mae arna i ofn. Bydd rhaid i mi ei throi hi am adre ar ôl te.

Sbesial! Mae'n wych clywed 'ny! Dyna'r newyddion gore eriôd!

Twdl-ŵ nawr 'te... Ma' 'da fi goeled o waith i 'neud...

"Rhwng gwŷr Pentyrch a'i gilydd" ys dywed yr hen air... Gadewch iddo dwrio am ei drysor, tra byddwn ni ein dau yn ymlacio...

A fynno iechyd!... Dyma chi, wedi dwyn i gof...

!

Dewch, ar fyrder, a chewch weld rhywbeth syfrdanol!

Ac yn awr, y tiwb gwag dros y gwydryn... Ac fe gofiwch yr hyn a dywalltwyd i'r gwydryn?

Wel, dŵr...

Dŵr! Yn union!... Ond tewch a sylwch yn astud ar yr hyn sydd ar droed...

Shigl-di-gwt!

Ac yn awr, dywedwch syr, beth ddyfalwch chi sydd yn y gwydryn ynghudd yn y tiwb?

Yn y gwydryn? Dŵr, wrth gwrs.

Dŵr!... Ha! Ha! Ha! Ha! Ha!... Dyna'r orau eto!... Ha! Ha! Ha!... Celfyddyd hudoliaeth yw hyn!... Ha! Ha!... Codwch y tiwb a dywedwch beth a welwch yno...

Ha! Ha! Ha! Ha!... He! He! He! He!... Ho! Ho! Ho! Ho!... Dŵr!!!

Rwy'n hollti! Ha! Ha! Ha!

? Ha! Ha! Ha! Ha! Ha!

Ond Capten, rwy wedi drysu braidd... Dŵr sydd yn y gwydryn, edrychwch... Beth sy mor ddoniol am hynny?

Dŵr!... Anodd gen i gredu eich bod chwithau, o bawb, mewn penbleth... Dŵr!

Beth yffach??!... Dŵr? Dŵr? Ti'n eitha reit, gwboi! Dŵr yw e! Ond shwd gythrel...

6

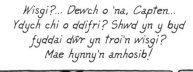

Wrth gwrs, Capten... Beth arall alle fe fod?

Wisgi, myn yffach i! Wisgi!

Wisgi?... Dewch o 'na, Capten... Ydych chi o ddifri? Shwd yn y byd fyddai dŵr yn troi'n wisgi? Mae hynny'n amhosib!

Amhosib? Picls Porthcawl! Na! Dyw e ddim yn amhosib!... Ma' betingalw yn llwyddo i 'neud e bob tro!

Betingalw?

Schieggeldiegout y consuriwr! Mae e'n rhan o'r sioe yn y Plaza ar hyn o bryd... Fi 'di bod yn mynd 'na, bob nos ers pythefnos, yn ei astudio'n ofalus i weld shwd mae e'n neud ei drics...

A neithiwr, fe gredes i bo fi wedi'i deall hi o'r diwedd... Ond cocls Ceinewydd! 'Shgwl arno fi! Dŵr! Dŵr, myn cacen i!... Reit, fi'n mynd nôl i'r Plaza, unwaith eto 'Nhintin annwyl, a ti'n dod 'da fi 'ed! Heno! Dou ben yn well nag un 'twel!

Watsha di'n ofalus, i weld os ti'n gallu gweitho mâs beth ma' fe'n neud.

Iawn... Mae 'na ddigon yn yr arlwy cyn i'r consuriwr ddod i'r llwyfan, felly amser i ni fwynhau.

Reit, y cynta ar y llwyfan fydd y ffacir Rimbojam gyda'r swynwraig Madam Jarmila... Ac yna Ramon Zarate yn difyrru wrth daflu cyllyll.

Husht! Co fe'n dod, y ffacir Rimbojam, mae e'n wych.

Foneddigion a boneddigesau, fy mraint heno fydd eich gwahodd i ymuno efo mi yn yr arbrawf byd-enwog...

...sydd wedi'i gyflwyno gerbron cynulleidfaoedd ar draws y cyfandiroedd ac sy'n dyst i'r doniau dirgel a draddodwyd i mi'n wreiddiol gan yr iogi chwedlonol Maharishi Mahesh... Ac yrwan, gyfeillion, boed i chwi ddistewi a rhoi gwrandawiad teilwng i un o wragedd hynotaf y ganrif hon...

...y swynwraig Madam Jarmila!

Rwy'n cychwyn trwy ddwyn Madam Jarmila i berlewyg...

Madam Jarmila, a ydych yn barod i ymateb i mi?

Ydwyf, feistr.

Yn iawn... Yrŵan, Madam Jarmila, a wnewch chi ddweud wrth bawb beth yw enw bedydd y cyfaill yn y rhes flaen?

Lemuel.

Ydy hynny'n gywir, syr?

Ydy, yn hollol gywir!

Da iawn. Yrŵan, Madam Jarmila, dywedwch wrth bawb beth sydd gan y ddynes yma yn ei phwrs?

Losin dant, allweddi, pin mewn papur... minlliw, colur... trwydded yrru...

A'r rhif ar ei thrwydded yrru, Madam Jarmila?

Saith chwech wyth un tri saith.

Hollol gywir!

On'd yw hi'n wych?

Yrŵan, Madam Jarmila, dywedwch, a ydy'r wraig yn y drydedd res yn wraig briod neu beidio?

Mae hi'n wraig briod.

Da iawn. A beth yw gwaith ei gŵr?

Ffotograffydd.

Ydy hynny'n gywir?

Hollol gywir!

Rwy'n ei weld yn dychwelyd wedi'r hirdaith... Wedi troedio pellafoedd byd... Ond beth sy'n digwydd?... Mae'n cael ei daro â gwaeledd, salwch na fedr neb ei ddirnad...

Clywch, mae fy ngŵr yn holliach! Efallai mai rhyw fath o jôc yw hyn, ond dydw i ddim yn chwerthin!

Gwaeledd marwol... Dialedd y goleuni... Fflamau'r farn fawr... Hyn yw erchylltra'r felltith!

OOOCH!

!

Os caf i eich sylw, foneddigion a boneddigesau - rhaid i mi darfu ar yr arlwy am ennyd, a hynny er mwyn gwneud cyhoeddiad brys ar gyfer aelod o'r gynulleidfa... Os ydy Misus Clement yma'n bresennol, a fyddai'n bosib iddi ddychwelyd adref ar fyrder? Derbyniwyd neges fod ei gŵr wedi'i daro'n sâl ddifrifol.

Hei, jiawcs, 'sbosib... Ma' rhaid taw rhan o'r act yw e, smo ti'n meddwl?

Wel, na, i'r gwrthwyneb... Rwy'n credu mai Clement oedd enw'r ffotograffydd oedd yn aelod o daith Mahogany-Flake i Dde America...

Gyfeillion... Yn anffodus, ni fydd yn bosib i Madam Jarmila barhau fel rhan o'r sioe heno... Ond mae'n bleser gen i finiogi'r difyrrwch nawr a chyflwyno perfformiwr sydd ag iddo gryn awch i ddiddanu... Rhowch groeso, gyfeillion, i Ramon Zarate!

Fi'n credu bo ti'n mynd i joio hwn...

Hmmm, mae ei wyneb yn gyfarwydd... Pwy yw e?

Noswaith dda, señores a señoras! Heno, er eich difyrrwch, rwyf am gyflwyno perfformiad extremadamente peligroso... Gofynnaf yn garedig, por favor, i chi gadw'n ddistaw, absoluto silencio...

Capten, gaf i fenthyg eich sbienddrych?

Mam fach! Y Penllywydd Alcazar yw hwnna!...

!

Y penllywydd pwy?

Alcazar... Ar un adeg, Alcazar oedd unben gweriniaeth San Théodoros.[1] Sut yn y byd wnaeth e fynd o hynny i ddifyrru'r dorf wrth daflu cyllyll yn y Plaza?

Rwan ac yn awr, más difícil...

Ac eto, más difícil...

Unwaith eto, más difícil...

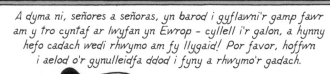
A dyma ni, señores a señoras, yn barod i gyflawni'r gamp fawr am y tro cyntaf ar lwyfan yn Ewrop - cyllell i'r galon, a hynny hefo cadach wedi rhwymo am fy llygaid! Por favor, hoffwn i aelod o'r gynulleidfa ddod i fyny a rhwymo'r gadach.

'Co chi...

Muchas gracias, señor.

Hei, aeth pethe'n deit pwy nosweth... Dim ond jest dala ymyl y drwm wnaeth y gyllell... Modfedd arall i'r chwith, a bydde'r bachan Indiaidd 'na ddim wedi dala dŵr, cred ti fi!

¿Esta usted?

¡Si!

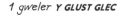
1 gweler **Y GLUST GLEC**

¡Muy bien!

Weeel, beth ti'n meddwl o 'na te? Ôdd hwnna'n wych!

Oedd... Da iawn!

Beth sy nesa?... Nawr, dewch i ni weld... O! Mam fach!

Edrychwch, Bianca Castafiore! Neb llai na hi, Eos Milano!

O, ie, ôn i'n meddwl byddet ti'n falch...

Mae hi'n dod i'r golwg ym mhob man - o Syldafia i Bordwria, dros bum cyfandir - mae'n amhosib cuddio oddi wrthi!

Mae hi'n unigryw, diolch byth - Duw a'n helpo ni tase dwy ohoni 'ddi!

Gyfeillion, carwn ganu cân arbennig iawn heno, sef yr yw Alaw'r Eurged allan o "Faust"...

Â gwên a chân ei cheineg, Gwêl, wydr, firain deg!

LÂN FERERID? AI TI WYT,

'Ffarn dân! Dal yn sownd, Tintin!

Dyma beth yw storm...

Diawch, fi'n cofio unweth yn morio i'r ryferthwy, reit miwn i lygad y storom waetha yn yr holl flynydde bues i'n gapten ar y môr... Ache'n ôl erbyn hyn, cofia, ond mâs ar foroedd India'r Gorllewin ôn i...

DYRO AIR! - DYRO AIR!

Dyro wirion air f'anwylyd!

Wow-wow-wooow-wow!

WOWOWOWOW!

AC ETO NID MYFI!

Trueni nad oes bad achub 'da fi heno!

Rhy hwyr i achub Milyn...

Clywch, beth am i ni fynd a dweud helo wrth y Penllywydd Alcazar yn ei stafell wisgo?

Syniad da!

Ffordd hyn?...

Ie, fi'n credu.

PREIFAT

Ti'n siŵr fod hyn yn iawn?

Ffeindiwn ni mâs mewn munud...

Ble ŷn ni nawr?

Sai'n siŵr...

DIM MYNEDIAD

Mae rhywun draw fan 'na... Dewch i ni ofyn iddyn nhw ble i fynd...

Esgusodwch fi, syr, ond ydych chi'n gwybod ble mae stafell wisgo'r Penllywydd... ym, stafell wisgo Ramon Zarate?

I lawr ar waelod y coridor, ystafell rhif 14.

Sylwest ti pwy ôdd hwnna?

Do... Y ffacir Rimbojam a Madam Jarmila.

Lawr y coridor, stafell 14.

Dyma ni, Capten.

Y TYST

CNOC CNOC CNOC CNOC

14

I mewn!

14

Helo, Benllywydd Alcazar!

14

RAMON Z

Ydych chi'n fy nghofio i?

Caramba!... Tintin ydi o!... Fy hen gyfaill!... Amigo mio, qué sorpresa!... Ay! Dios de mi vida! Dyma'r llawenydd mwyaf gen i eich cyfarfod wedi'r holl flynyddoedd!

A'r gŵr yma sydd yn eich dilyn... Pwy ydi o?

Capten Hadog yw hwn, cyfaill da i mi.

Los amigos de nuestros amigos son nuestros amigos!... Gorfoleddwn, El Capitán, gorfoleddwn!

Wel, ie glei...

Descuida, no es la policia...

Bueno!

Druan ag o, Chiquito!... Rydych yn deall, ers y cychwyn pan fu raid i ni ddangos ein dogfennau teithio i'r heddlu, mae Chiquito yn gweld y polîs ym mhob man.

O, wela i.

Por favor, rhaid i ni ddathlu'r achlysur arbennig hwn. Wnewch chi rannu dwfr y diafol efo mi? Aguardiente, gyfeillion!

Iechyd da i chwi, amigo mio! A iechyd da i chwithau, El Capitán.

A iechyd da i chi 'ed!

Un ac oll.

Gofalus, Capten, mae e'n gryf.

Yn gryf?... Cofia bo 'da fi halen yn 'y ngwaed, grwt...

Rydych wedi eich synnu fy ngweld ar lwyfan y Plaza heno, ydach?... Dyma'r ffordd i fyw... Yn alltud tra bod chwyldro arall eto fyth yn fy ngwlad...

...a'r 'sglyfath felltith yna, y Penciwdad Tapioca, wedi dwyn awena grym a ngorfodi inna i ffoi San Théodoros! Rwan, mae gen i waith yma yn Ewrop, yn difyrru cynulleidfaoedd wrth daflu cyllyll.

Flin 'da fi dorri ar draws, ond byddwn ni'n colli'r consuriwr os nad awn ni nôl nawr...

Iawn.

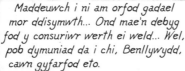

Maddeuwch i ni am orfod gadael mor ddisymwth... Ond mae'n debyg fod y consuriwr werth ei weld... Wel, pob dymuniad da i chi, Benllywydd, cawn gyfarfod eto.

Adios, amigo mio.

Dere, neu byddwn ni'n rhy hwyr!

O bois bach... Ôdd honna'n dipyn o gnoc, whare teg...

Help! Tintin!

Capten!

Gofalus, Capten!

BŴM

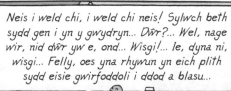

Neis i weld chi, i weld chi neis! Sylwch beth sydd gen i yn y gwydryn... Dŵr?... Wel, nage wir, nid dŵr yw e, ond... Wisgi!... Ie, dyna ni, wisgi... Felly, oes yna rhywun yn eich plith sydd eisie gwirfoddoli i ddod a blasu...

BŴM BONG DONG DING BING ?

BING BANG BONG

MŴW

Noson lwyddiannus arall, myn yffach i... Reit, dere, cei di lifft gatre 'da fi.

Ymhen deuddydd...

?

Y SALWCH RHYFEDD YN TARO ETO

CLEMENT YN GYNTAF, NAWR MAHOGANY-FLAKE

Yn hwyr neithiwr, trawyd Pŷr Clement, 37 oed, yn ddifrifol sâl yn ei gartref. Clement oedd ffoto-graffydd taith Mahogany-Flake i Dde America, ac o fewn ychydig oriau cafwyd yr Athro Mahogany-Flake ei hun mewn trwmgwsg yn ei gartref. Cafwyd hyd i Clement yn ddiymadferth yn y parlwr yn .... a Mahogany-Flake ......

Glywist ti am ddirgelwch marwolaethau'r holl Eifftolegwyr yna 'ndo? Y cyfan ar ôl agor beddrod y Pharo a datgladdu'r hen gog... Dallta di, yr un fydd tynged y giwed ffyliad yma, yn 'mochal a busnesa efo beddrod yr Inca!... 'Sgynnon nhw ddim hawl gneud hynny, nacoes?

'Sgwn i a oedd gwirionedd i eiriau'r hen gyfaill... Pwy a ŵyr?

DRRING

Wel helo!... Sut hwyl?

Hmmm, gweddol 'swn i'n deud... Fedrwn ni ddim gwadu mai gweddol ydy hi.

Yn union, yn union... Dim gwell na hynny... Hynny ydy, fedrwn ni wadu nad ydan ni'n weddol...

Fel arfer, ie?

Dyna fo, dyna fo... Welsoch chi hanes y salwch dirgel yn y papur newydd? "Y salwch dirgel drachefn", a rwan yr Athro Mahogany-Flake ei hun!

Newydd ei ddarllen...

Reit dda, reit dda... A be 'dych barn chi ar y matar felly?

Wel, sai'n siŵr... Mae'r stori'n swnio'n rhyfedd iawn, er y gallai'r cyfan fod yn gyd-ddigwyddiad.

Na, amhosib, nid cyd-ddigwyddiad mo hyn o gwbl...

Fentra i eich bod chi yn llygad eich lle. Ond sut mae profi hynny?... Dwedwch, beth yw symptomau'r salwch dirgel yma?

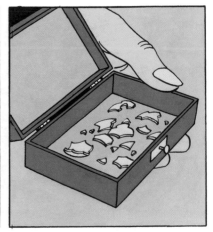

Rhaid i ni rybuddio gweddill aelodau tîm Mahogany-Flake ar unwaith! A bydd rhaid sicrhau gwarchodaeth heddlu ar gyfer pob un ohonyn nhw...

'Dach chi ddim yn credu eu bod nhw... ein bod ni... ei fod o...?

Wrth gwrs! Does dim awgrym y bydd hyn yn pallu - mae pawb fu'n rhan o'r daith i Dde America mewn peryg. Dewch i ni ystyried... Clement, Mahogany-Flake, Deryn Rhŷs, dyna'r tri cyntaf... Pwy arall oedd... Quinnell! Brysiwch! Rhaid i chi rybuddio'r Athro Quinnell ar unwaith!

Helo, sut 'dach chi?... Helo?

Wastad yr un peth efo'r ffôn, 'tydi? Byth yn gweithio, y ffôn felltith, pryd bynnag fyddi di isho'i ddefnyddio fo!

Dim atab?

Maddeuwch i mi am dorri ar draws, ond beth am ddefnyddio hwn?

S'mae! Ychi sydd yno, Athro Quinnell?

Ie, dyna fo, yfi Quinnell sy 'ma.

Ia... ia... ia, dyna fo, rwan oeddwn i'n darllen am y peth... Beth ddudsoch chi? Deryn Rhŷs hefyd?!... Ac mi roedd yna ddafna o grisial ar y llawr?... Grasusas! Felly mi roedd o'n deud y gwir!

Pwy?... O, yr henwr nath feddwi rhyw noson wrth yfed coco, yfo nath ddeud... Na, fedra i ddim esbonio dros y ffôn... Mi ddof i draw atoch chi... Ble ydach chi 'lly?... Mi fydda i efo chi ymhen yr awr!

Ond rhaid i chi rybuddio'r lleill – Cantonneau, Gwyfyn-Huws a Bachymbyd, y tri ohonyn nhw... Dudwch wrthyn nhw i beidio â mynd allan, ac i gadw'n ddigon pell o unrhyw ffenestri... Ia, ffenestri... Na, peidiwch chi â phoeni amdana i, mi fydda i ar fy ngwyliadwraeth... Iawn, iawn, mi fydda i efo chi cyn hir.

Reit, wel, roedd o'n swnio fel 'sa fo'n dallt y cyfan... Mi ddudodd y dylswn ni rybuddio gweddill yr anturwyr i beidio â mynd allan na mynd yn agos at unrhyw ffenestri.

Fe wna i rybuddio'r Athro Cantonneau[1]...

19

Mam fach! Does dim ateb, ond mae'n rhaid cysylltu ag e!

Os ydan nhw am fentro unrhyw beth, mi fydda i'n barod!

TACSI!

Ewch â mi i Lwybr Labrador...

Ar unwaith, bos.

Helo?... Athro Cantonneau! Diolch byth 'mod i wedi eich dal mewn pryd!

Tintin bach, pwyllwch, da chi... Nac'dw, heb glywed unrhyw beth... Ond... Sut? Mae'n anodd credu!... Clement hefyd? A Deryn Rhŷs?! Ond mae hynny'n ofnadwy... Be ddudoch chi? Mae angen i mi fod ar fy ngwyliadwraeth?

Oes, a byddwch yn ofalus iawn... Mae'n bwysig eich bod yn cadw i ffwrdd o unrhyw ffenestri... Dyna ni, y ffenestri... Mae'n...

DSINGG
BETH? CLING CLING CLING CLING

Helo?... Athro Cantonneau?!... Ydych chi'n fy nghlywed i?

Be sy 'di digwydd?

Helo?...

Mae rhywbeth wedi digwydd i'r Athro Cantonneau!... Rhaid i mi fynd draw ato... Arhoswch chi fan hyn, a rhybuddio Gwyfyn-Huws a Bachymbyd ar unwaith!

Mae 'na dacsi newydd gyrraedd y tu allan...

Rhaid mai Quinnell yw hwnna... Fe wna i fynd â'r tacsi ymlaen i dŷ Cantonneau.

Dere glou, Milyn!

Dyma ni, bos, rhif 26 ar Lwybr Labrador...

?

!

Darnau o belen grisial!

Mae rhywun wedi ymosod arno yn ystod y daith – wnaethoch chi stopio yn rhywle ar y ffordd?

Naddo... Wow, do! Unwaith ar gyffordd pan oedd y golau'n goch...

Arhoswch funud... Rhaid mai dyna pryd ddigwyddodd e, wrth i dacsi arall oedi wrth ein hymyl ni... Rwy'n cofio sŵn gwydr yn chwalu, ond feddyliais i ddim am y peth... Yna trodd y golau'n wyrdd, ac ymlaen â ni.

Iawn, ydych chi'n fodlon adrodd eich stori i'r ddau dditectif yn fy fflat? Gwell i mi fynd i rybuddio'r Meddyg Gwyfyn-Huws.

Iawn, bos.

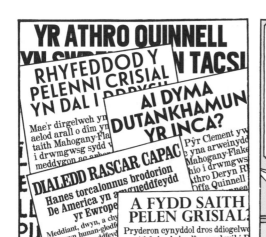

YR ATHRO QUINNELL

RHYFEDDOD Y PELENNI CRISIAL YN DAL I DDRYSU

YN SWYDD... ...N TACSI

AI DYMA DUTANKHAMUN YR INCA?

Mae'r dirgelwch yn... aelod arall o dîm... taith Mahogany-Fla... i drwmgwsg sydd... meddygon ac anhe...

DIALEDD RASCAR CAPAC

Hanes torcalonnus brodorion De America yn amgueddfeydd

Pŷr Clement yw... yna arweinydd... Mahogany-Flake... hio i drwmgws... thro Deryn R... Offa Quinnell...

A FYDD SAITH PELEN GRISIAL?

Pryderon cynyddol dros ddiogelwc... saith fod aelod o dîm ymchwil i P...

Allan o'r saith fu'n rhan o'r daith ymchwil wreiddiol, dim ond y Meddyg Gwyfyn-Huws a'r Athro Bachymbyd sydd heb ildio i'r un trwmgwsg dirgel â'u cymdeithion. Mae'r heddlu'n gwarchod cartrefi'r ddau a swyddfa Gwyfyn-Huws, sy'n gyfarwyddwr ar yr Amgueddfa Byd Natur...

AMGUEDDFA BYD NATUR

Arhoswch yn eich unfan!

Mae gen i becyn cofrestredig ar gyfer Gwyfyn-Huws...

Reeeit, iaawn, i mewn â chi.

SWYDDFA'R CYFARWYDDWR

Diolch, syr...

SWYDDFA'R CYFARWYDDWR

Pecyn oddi wrth cyfaill i mi ar ynys Mañanabañana, rwy'n credu mai enghraifft yw hwn o rywogaeth pili-pala hynod iawn...

Dyma gyffro! Dadlapio'r lepidoptera!

Ymataliwch, gyfaill! Ella mai dyma'r fagl, un o'r petha bŵbi yna, wyddoch chi... Reit, rhowch o i mi gymryd gofal ohono... Dyma fy nyletswydd...

Be?... Ond beth amdanoch chi?

Dyma fy mhriod waith, Feddyg Gwyfyn-Huws... A bod yn fanwl gywir, mae disgwyl fod pob ditectif yn cyflawni'i ddyletswydd hyd eithaf ei allu.

Sbia hyn... Pecyn reit amheus yr olwg newydd gyrraedd ar gyfer Gwyfyn-Huws.

Dyma fo...

SWYDDFA'R CYFARWYDDWR

Callia, wnei di? Rwyt ti'n crynu fatha dail yr aethnen! Ty'd, agor o!

Chdi di'r un sy'n crynu!

G-g-gofalus...

G-g-gofalus...

SWYDDFA'R CYFARWYDDW

Ffuuuyw! Dyna be 'di rhyddhad!... Dim byd mwy na iâr fach yr haf... Ond sbia, mae hi'n dlws!

A phob goludog liw a fu...

PILI-PALA MAÑANABAÑANA

Rhyngthan ni'n dau, 'nde, dwi'n credu i ni ddod allan o hynna'n wrol...

Rhyngthan ni'n wrol, mi ddathon ni'n dau allan o hynny!

Taw! Mae 'na rywun yn dwad!

SWYD
CYFARW

Helo!... Popeth yn iawn?

S'mae, Tintin!

SWYDDFA'R CYFARWYDDWR

Yndy, siort ora!... Mi rydan ni wedi atal ymosodiad ar gyfarwyddwr yr amgueddfa. Yn ffodus i bawb, doedd dim byd gwaeth na phecyn efo iâr fach yr haf ynddo fo...

Dyna hardd!

SWYDD
YFARW

Da iawn, felly mae'r warchodaeth wrth ddrws swyddfa Gwyfyn-Huws yn ddiogel. Beth am y ffenest?

Y ffenast? Wel, yfi sy'n gwarchod hwnnw, siŵr Dduw!

FA'R
DDWR

Chi sy'n gwarchod y ffenest? Felly pam ŷch chi fan hyn wrth y drws?

Sut?... Rargian fawr, mi 'dach chi'n...

DSINGG
CLING
CLING

SWYDDFA'R CYFARWYDDWR

23

Tintin, fachgen, shwd wyt ti? Braf dy weld eto...

Shwd ŷch chi, Capten? A'r Athro Efflwfia?

Rŷn ni'n dau yn iawn,... Mae e wrthi'n darllen y papur i fi!

"Mae presenoldeb yr heddlu yn drwm fel rhan o'r mesurau i warchod cartref y seithfed a'r olaf o aelodau taith Mahogany-Flake i Dde America..."

"...er mwyn sicrhau nad yw yntau yn wynebu'r un ffawd a'i gyd-anturwyr. Heddiw bydd yr Athro Bachymbyd..." Wel-y-jiw-jiw!

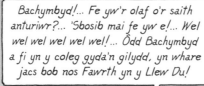

Bachymbyd!... Fe yw'r olaf o'r saith anturiwr?... 'Sbosib mai fe yw e!... Wel wel wel wel wel wel!... Ôdd Bachymbyd a fi yn y coleg gyda'n gilydd, yn whare jacs bob nos Fawrth yn y Llew Du!

Rŷch chi'n nabod yr Athro Bachymbyd? Fe yw'r arbenigwr ar greiriau De America, ontefe? Yn ei gartre fe mae mymi Rascar Capac yn cael ei gadw...

Jiawch, nage, ddim o gwbwl... Mae e'n ddyn eithriadol o neis, fe wna i'ch cyflwyno chi, os chi moyn.

Fe hoffwn i hynny'n fawr, rŷch chi'n garedig iawn, Athro Efflwfia.

Chi moyn mynd nawr?... Olreit 'te, ar ôl i fi fynd i'r jeriw!

Yli, rhywun yn dod i weld yr Athro Bachymbyd.

A gawn ni ymweld â'r Athro Bachymbyd?

Sgynnoch chi ganiatâd?

Hadog, Tintin ac Efflwfia... Arhoswch fa'ma am funud.

Mae hyn fel torri mewn i'r jael!

Ma' gynnon ni'n ordors.

Iawn, mi geith y cyfeillion hyn ddod i mewn.

Hei, maen nhw'n cymryd pob gofal...

Fi'n chwysu stecs... Mae'n drymedd 'ma...

Ydy... Mae'n siŵr y bydd 'na storm heno...

CNOC
CNOC
CNOC

I mewn!

Dyma nhw, Athro, eich ymwelwyr.

Ercwlff!

Ephraim!

'Rhen Ephraim bach annwyl!

Ercwlff, gad i fi gyflwyno dau ffrind sy'n edrych mlaen i gwrdd â ti...

Croeso, gyfeillion, croeso!

Yn gyntaf, dyma'r Capten Hadog, wedi ymddeol o fywyd ar y moroedd mawr...

A sut ydach chi?!

A dyma ffrind sy'n dal i wisgo trowsus byr! Tintin, y newyddiadurwr enwog...

Gafael fel gefel!

Fy mraint i!

Wowow!
Wowow!

Milyn, beth sy? Wyt ti wedi dychryn?

27

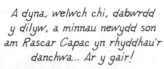

HA HA HA HA HA!

Dyma sy'n gyfrifol am ddychryn eich ci... Neb llai na'r hen gyfaill, Rascar Capac!... Yr hwn a rydd drosom ddilyw tân a thanchwa!

BŴMM

A dyna, welwch chi, dabwrdd y dilyw, a minnau newydd son am Rascar Capac yn rhyddhau'r danchwa... Ar y gair!

Rwy'n tybio fod to eich cerbyd ar agor, a hithau wedi gwneud tywydd braf... Byddai'n ddoeth i chi gau'r to rhag difetha'r cerbyd... Gall y bydd hi'n treisio bwrw os ddaw hi'n storm yn y gwres hafaidd.

Hmmm... Gaf i roi'r car dan do yn eich garej?

Be oedd hwnna?... Sŵn rhywbeth yn cael ei danio y tu allan?

BANG

Welwch chi?... Rhywun yn rhedeg... Un o'r dynion sy'n fy ngwarchod, rwy'n credu...

Dewch i ni weld beth sy'n mynd mlaen!

Mae'r sŵn yn dod o gyfeiriad y gatiau!

BANG

Beth oedd y swn saethu?

Nid saethu oedd o, diolch i'r drefn... Ond efo'r car 'ma wedi cael ei adael yng ngwres tanbaid yr haul, mae'r teiars wedi ffrwydro!

Be oedd y swn 'lly?

Dim byd, syr... Cwpwl o deiars yn ffrwydro...

Cwpwl o deiars?!... Dim byd i ti, gwboi, ond poen yn y pen-ôl i fi!

BANG

Diawl eriôd! Fi yw'r un sy wastad yn ei chael hi ar 'y nhrwyn!

Beth odw i'n mynd i neud? Ma' cwpwl o deiars wedi ffrwydro, ond dim ond un sy 'da fi'n sbâr!

Mae'r ateb yn syml... Cewch gysgu yma heno, a ffonio dyn y garej yn y bore i ddod â dau deiar newydd.

Dyma'r glaw yn dod! Dere, nôl i glydwch y tŷ, Milyn.

BOM BROM BOBWM

Ercwlff 'chan, glywest ti gnoc ar y drws ffrynt jyst nawr?

Ydy popeth yn iawn 'wan? Da iawn... O leia mi wnaeth yr ymarferiad bach yna brofi fod yr heddlu o gwmpas y tŷ yn barod ar gyfer unrhyw beth!

Digon gwir, ond rhaid i ni barhau i fod yn ofalus.

Gyda llaw, Athro Bachymbyd, be wnewch chi o holl fusnes y pelenni crisial?

Be wna i ohono?... Dim rhyw lawer... Ond, fel mae'n digwydd, mi rydw i wrthi'n paratoi ysgrif...

...yn trafod coelion hynafol Periw – mae yna agweddau sy'n berthnasol i'r sefyllfa sydd ohoni, er fy mod yn amheus y gwnân nhw ddatrys dim.

Ystyriwch hyn... Cyfieithiad o ran o'r arysgrif ar furiau beddrod Rascar Capac... Darllenwch y geiriau'n uchel i bawb gael eu clywed.

"Wedi treigl oesoedd maith y daw saith gwelw eu gwedd. Hwythau a wnânt halogi gorffwysfan y corff a rydd drosom ddilyw tân a thanchwa. Anwariaid i ddifwyno a dwyn yn ôl i wlad heb fraint. Eithr melltigaeth y gysegr a'u dilyna dros diroedd maith..."

Ond... Mae hyn yn syfrdanol!

Ydy... Ac ewch ymlaen, darllenwch y darn nesa...

CRRAC

Nefoedd yr adar!... Y mymi...

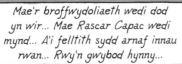

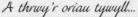

Ffiw!... Diawch, dyna ryddhad... Breuddwyd, rhith erchyll... A'r gwynt cryf sy wedi chwythu'r ffenest ar agor!

Roedd hi'n freuddwyd ddigon arswydus...

HELP! HELP!

Llais y Capten!

BOMP

Capten, be sy?... Wnes i'ch clywed yn galw...

Do 'chan, ti'n eitha reit... Breuddwyd gas, hunlle!... Weles i Rascar Capac yn dod miwn i'r stafell yn carto pelen grisial anferth... A wedyn fe dwlodd e'r belen a'i chwalu'n deilchion!

Dyna'r freuddwyd ges i hefyd...

ŴŴŴ YCH-A-FI

Beth nawr?

Shgwlwch, 'co fe'n dod!... Lawr y pasej ar ein hôl ni!

33

Fi'n gweud 'tho chi, y bachan tene ôdd yn y cabinet lawr llawr... Daeth e miwn i'r stafell wely acha pelen grisial anferth yn ei law!

Mae'n anodd credu hyn... Yr un freuddwyd eto!

Gwell i ni edrych, rhag ofn...

Dyna ni... Yr un peth... Dim ond breuddwydio oedd yr Athro Efflwfia... Fel chi a fi, Capten.

Ond edrycha ar Milyn!

Rhyfedd... Mae'n amlwg fod arogl rhywbeth...

Mae e'n dilyn yr arogl lawr y grisiau. 'Sgwn i beth...

Husht!

Gwyliwch y carped!

?

BANG   BING
BADABWMP

Dyw hyn ddim yn ddoniol, myn yffach i!

Capten, odych chi'n iawn?

Lwcus na gethoch chi niwed difrifol.

Gallech chi fod wedi torri braich neu goes yn rhwydd...

Cocls Ceinewydd! Husht, wnei di?

Wowowow! Wowooowow!

Be sy?

Ym, Milyn... Milyn sy'n udo y tu allan i ddrws stafell yr Athro Bachymbyd...

Bachymbyd! Athro Bachymbyd!

Bydd rhaid torri'r clo er mwyn mynd i mewn...

BOMP
BOMP

CRAC

Mam fach! Beth os...

Diolch byth! Mae e'n cysgu'n braf...

?

CRAC

Rhy hwyr! Drychwch... Darnau o belen grisial!

Ond mae'n amhosib, mae 'na blismon wrth bob drws a ffenest...

Athro Bachymbyd! Athro Bachymbyd!

Does dim i'w wneud... Dyma ganlyniad chwalu'r belen grisial... Mae'r olaf o'r saith wedi ildio i drwmgwsg.

CHCH! CHCH!

Dewch at y ffenest!... Rhaid mai dyna sut ddaeth y dihiryn i mewn!

Ond na... Mae'r ffenest yn dynn ar gau... Dyw hyn ddim yn gwneud synnwyr...

Oes rhywun wedi dod heibio fan hyn?

Neb o gwbl, syr. Pam?

Fedra i ddim egluro hyn... Sut ddaeth y dieithryn i mewn i'r stafell, ac yna ffoi heb adael ei ôl?

Drychwch! Mae eurdorch Rascar Capac wedi diflannu!

WOWOW WOWOW

Dyma sut ddaeth y dihiryn i mewn!... Dringo i lawr ac i fyny'r simne!

Wowow! Wowow!

Os mai dyma sut wnaeth e ddianc, mae'n bosib nad yw e wedi llwyddo i ffoi eto...

Dyna gadarnhau'r ddamcaniaeth - i fyny'r simdde yr aeth o, yn bendant!

Ewch fyny i'r to!... Mae angen archwilio'r to!

Ar unwaith, syr!

Draw fan 'na!... Drychwch, mae rhywun yn rhedeg i ffwrdd!

Wedi'i ddal o! Mae e wedi syrthio... Dewch!

Weles i fe'n syrthio rhywle fan hyn...

Wyt ti'n codi'r trywydd, Milyn?

Heblaw am yr huddyg sy'n tagu 'nhrwyn...

O diawch... 'Sdim gobaith i Milyn aroglu unrhyw beth yn ei gyflwr e!

WAAAAAAAAA!

37

Llais yr Athro Bachymbyd!

Mawredd, mae e wedi arswydo... Ma' rhywun yn ei ladd e!

Help!

WAAAA!

Trugaredd!

Maen nhw'n dod amdanaf... Mae'r lleng yn heidio...

Ewch ymaith!... Mae'r cythreuliaid am fy rhwygo'n ddarnau!

Hushtwch nawr, Athro Bachymbyd, sneb yma, dim ond eich ffrindie...

Ond... Mae e wedi syrthio nôl i drwmgwsg...

Pwy bynnag oedd y dihiryn, mae o wedi llwyddo dianc... Sut mae petha nôl yn y tŷ 'sgwn i?

Roedd y sgrech yn ofnadwy, fel petai e'n dioddef artaith ddychrynllyd... Ac yn gwbl ddisymwth, fe syrthiodd e nôl i'w gwsg... Byddai'n beth doeth galw am feddyg.

Gyda'r bore...

Hmmm, ie, ie... Hmmm... Yn fy marn i, mae o mewn trwmgwsg... Welwch chi, mae'i gyhyra fo wedi ymlacio a'i gymala yn hollol llipa...

WAAW!

Wel, wel, wel...
Beth yw hyn?

Breichled aur! Ond os nagw i 'di drysu, hon yw'r freichled oedd yn addurno'r mymi gyda'r eurdorch... Shwd ar y ddaear gyrhaeddodd hi fan hyn?

Diawch, mae'n un bert! Aur pur, sdim dowt am hynny... Beth os wisga i'r freichled a gweld os neith unrhyw un sylwi...

A shgwlwch, mae'n siwto fy nghot i'r dim!

Ychydig funudau'n ddiweddarach...

Yr Athro Efflwfia?... Yn yr ardd, rwy'n credu, yn brysur gyda'i bendil bach. Fe wna i fynd i edrych amdano...

I ble'r aeth e, sgwn i?

Dim sôn, ond rwy'n siŵr mai dod i'r ardd oedd e'n bwriadu gwneud...

Wel? Ddest ti o hyd iddo fe?

Naddo, dim golwg yn unman... Rhaid ei fod e wedi dod nôl i'r tŷ... Lan lloft yn ei stafell, siŵr o fod.

Hmmm, ddim yn ei stafell chwaith... Dyna beth od.

Gwell i ni edrych o gwmpas yr ardd unwaith eto... Mae'n rhaid ei fod e wedi dilyn ei bendil i ganol y llwyni...

ATHRO EFFLWFIA!... ATHRO EFFLWFIA!

Does dim diben gweiddi.

I ble ddiawl mae'r bachan penchwiban wedi diflannu?

EPHRAIM!

?

Capten! Drychwch, wrth fôn y canghennau!

Ôl gwaed... Llaw goch fel llofrudd... Beth yw ystyr hyn?

Ôl llaw y dihiryn oedd yma neithiwr, does dim dwywaith!... Wnaethon ni ddim dod o hyd iddo fe am iddo ddringo'r goeden a chuddio. Ar ôl cael ei saethu a'i anafu, doedd dim unman arall i droi...

Falle ei fod e lan fan 'na o hyd!

Chi'n iawn... Fe ddringa i'r goeden i weld...

Bydd yn ofalus... Cer â'r gwn gyda ti...

Syniad da. Diolch.

Oes unrhyw beth?

Na, dim byd...

Rwy'n iawn, Capten... Hen gangen wedi pydru, yn torri dan fy nhroed...

Falch bo ti'n iawn! Paid â becso amdana i!

Does neb yma... Rwy'n dod lawr.

Capten!... Draw fan 'na, ychydig i'r chwith!... Dyna ni, ychydig eto, drychwch!

Ymbarel Ephraim yw hon!

Ymbarel yr Athro?

Ie, wrth gwrs! Shwd yn y byd?...

A fan hyn, mae'r borfa wedi cael ei wasgu i lawr...

...a'r brigau wedi'u torri... Mae ôl ffrwgwd fan hyn.

Beth? Ephraim mewn ffrwgwd? 'Sbosib!

Falle ddim... Ond mae rhywun wedi ymosod arno... Dyna ni, roedd y dihiryn yn y goeden pan ddaeth yr Athro Efflwfia heibio... Ac yna ymosod arno...

Ond Ephraim? Pam ddiawl bydde unrhyw un am ymosod ar Ephraim?

Pwy a ŵyr, Capten? Pwy a ŵyr? Ond mae'r Athro Efflwfia wedi diflannu, a rhaid i ni ddod o hyd iddo!

MILYN! MILYN! MILYN!

Milyn! Milyn!

Cei di'r asgwrn nôl mewn munud, ond yn gynta mae'n rhaid i ti geisio dod o hyd i'r Athro Efflwfia...

Da iawn, Milyn, dilyna'r trywydd gan bwyll...

I mewn fan 'na?

Gwyliwch eich hun, Capten!

E? Beth?

Ewch o'r golwg!

BANG! BANG!

Iyffach gols! Beth sy'n bod ar bobol? Y blincin fflips! Y bribwns mân! Crobots y moch!

Capten, fe wna i symud yn nes at y gilfach yn ara deg... Ond bydd angen i chi danio'r gwn bob hyn a hyn... Fe dafla i fe draw atoch chi...

Iawn?

Iawn!

Nawr 'te, beth wyt ti'n meddwl o hyn?

BANG

CLEC

BANG

BANG

!

O diar diar... Bydd rhaid i fi achub yr asgwrn 'na... Reit, barod... Un, dau... Tri!

BANG

Dyna ni! Asgwrn arall yn saff! Ha! Ha!

BANG

Yr yffarns!... Y blincin fflips!

Wel, fe lwyddes i nodi rhif y car... Mae gobaith eu dal os gwnawn ni frysio!

Gall yr Arolygydd anfon y rhif ymlaen at heddlu'r ffordd fawr yn syth...

Jiawled!

Y Sarjiant Ifan Puw sydd yma... Ylwch, mae un o gyfeillion Bachymbyd wedi cael ei gipio... Ephraim R. Efflwfia ydi ei enw fo... Maen nhw wedi ei gipio fo mewn car tebyg i...

Opel Olympia...

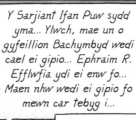

Neges i holl swyddogion heddlu'r ffordd fawr. Stopiwch y sawl sy'n teithio mewn car du, Opel Olympia, rhif 317413... Mae'r car yn teithio tua'r de-orllewin, o gyfeiriad Llanymeddwyn...

Beth yffach sy'n mynd mlaen, gwed?! Pa reswm yn y byd fydde gyda nhw i gipio gwyddonydd bach diniwed fel Ephraim??!

DRRING DRRING

Ie, Puw ar y ffôn... O, su'mae, syr?... Ia, iawn, ia... Dyna ni... Mi wnewch chi ein ffonio ni!

Reit, er gwybodaeth i chi'ch dau, mae'r heddlu yn monitro'r ffyrdd ar draws yr ardal, ac yn holi gyrrwyr... Toes na'm peryg y bydd y dihirod yn medru osgoi cael eu dal...

Diabolo!... Yr heddlu!

BRRRRWM

Y cythrel!

Dyma'r patrôl ar y ffordd ger Rhydymeddwyn... Mae'r car newydd yrru heibio ar gryn sbîd, yn mynd tua'r de-orllewin... Rhaid i bob patrôl ar hyd y ffordd fod yn barod amdano!

I ble'r aeth y car felly?...
Bosib fod rhywun sy'n gweithio
ar hyd y ffordd wedi'i weld...

Car mawr du?... Fe weles i gar mawr
du yn gadael y brif ffordd a gyrru
ar hyd lôn y goedwig tua hanner awr
yn ôl. Hwnna yw e falle?

Diolch.

!

DRRING
DRRING

Helo... Ie?... Ie?...
Wedi dod o hyd i'r car,
gwych!... Beth?...
Yn wag?!

Dewch i ni siapo, Capten...
Falle bydd rhyw gliw yno...

Lladron pen-ffordd, myn diain i...
Y blwmin bashi-baswcs!

Fan hyn ddaethoch chi o hyd i'r car,
ond dim golwg o neb tu mewn?

Cywir, syr. Mae'n amhosib eu
bod nhw wedi mynd yn bell...
Mae patrôl allan ar bob hewl
erbyn hyn, a dynion yn cribo
drwy'r coed...

Ond beth am Ephraim bach?!...
Ephraim, halen y ddaear, druan bach
ag e, wedi cael ei ddwgyd!... Pam?!
Pam?!... Mawredd mawr, ddyn,
odych chi'n gallu ateb hynny?

Ym, nagw...

Tintin 'chan... Wyt ti wedi
dod o hyd i unrhyw beth?

Falle...

Clywch, roeddech chi'n aelod
o'r patrôl ar y ffordd fawr...
Ydych chi'n digwydd cofio gweld
car brown golau, yn mynd heibio?...

Car brown golau...
Un funud...

Diawch, ydw!... Rwy'n cofio car brown golau yn mynd heibio... Fe wnes i siarad gyda'r gyrrwr.

Wnaethoch chi nodi rhif y car?

Naddo, doedd gen i ddim rheswm i wneud... Ond roedd golwg estron ar y gyrrwr, o Sbaen neu Dde America... Yn cario ychydig gormod o bwysau, lliw haul, mwstash du, sbectol...

Oedd 'na rywun arall yn y car gydag e?

Roedd rhywun arall yn eistedd yn y blaen... Roedd golwg estron ar hwnnw hefyd... Gwallt tywyll, wyneb main, gwefusau cul... A dau ddyn arall yn eistedd yn y cefn, er, prin wnes i sylwi arnyn nhw.

Os felly, mae'r dihirod wedi hen ddianc o'n gafael erbyn hyn.

O? A shwd elli di fod mor siŵr?

Drychwch... Welwch chi'r olion teiars yn y mwd?... Mae'n amlwg fod dau gar wedi bod yma... Mae olion teiars y car du fan hyn, ond welwch chi rhain wrth eu hymyl? Roedd car arall yma, yn disgwyl am yr Opel...

Mawredd, fachgen, ti'n iawn! Ond shwd ti'n gwbod beth ôdd lliw y car arall?

Fan hyn...

Mae'n gul rhwng y coed, a fawr o le i ddau gar droi... Mae olion paent brown golau ar fôn y goeden fan hyn. Rhaid fod y car arall wedi crafu yn erbyn y goeden wrth yrru i ffwrdd...

Y môr-ladron gythrel... Newid eu car wnaethon nhw 'te!

Mae'n rhaid i'r heddlu gael gwybod am hyn yn ddi-oed, a gobeithio bydd modd atal y car ymhellach lawr y ffordd...

Y bore wedyn...

Sgwn i os yw'r hanes yn y papur?

"Dywed yr heddlu mai dianc mewn car brown golau wnaeth y dynion, sydd, yn ôl disgrifiadau, o dras Sbaenaidd neu o Dde America..." Wel, mae'r manylion hynny'n gywir... "Mae'r heddlu'n galw ar unrhyw un sydd â gwybodaeth i gysylltu yn ddiymdroi..."

Wel, rhaid cadw'r ffydd...

DRRING DRRING

S'mae, Williams-Parry yma... Ia, dyna fo, fatha "bardd yr Haf"!... Ylwch, mae 'na rwbath rhyfadd ar y naw yn mynd ymlaen yn yr ysbyty 'cw, ar y ward ble mae'r saith anturiwr yn cael eu trin...

A'r sefyllfa'n ddifrifol?... Anodd credu... Iawn, wrth gwrs, af i draw yno'n syth.

Y peth rhyfedda welish i 'rioed... Yr un pryd bob dydd, mae rhwbath anesboniadwy yn cydio yn y saith claf... Ac mae hi'n dynesu rwan at yr amsar... Fiw i mi geisio'i ddisgrifio fo, bysa fo'n well i chi weld efo'ch llygid eich hun...

Mae gynnon ni rai o ymgynghorwyr amlycaf eu meysydd ar y ward rwan, yn barod i roi eu barn ar y ffenomen ryfadd...

Dyma'r cleifion yn eu gwlâu. Rwan 'ta...

Maen nhw'n gorffwys yn dawel...

Yndan, am y tro... Ond, ydach chi'n barod? Rwan!

49

Rhyfeddod...

A pha gysylltiad posib sy rhwng hynny a chipio'r Athro Efflwfia?

Drannoeth...

Shwmae, Nestor. Sut hwyl sydd ar y Capten heddiw?

O, Mistar Tintin, mae'r Capten mewn iselder tywyll oherwydd yr holl helynt... Oes gennych chi unrhyw newyddion?

Nagoes... Mae'r Athro Efflwfia druan wedi llwyr ddiflannu.

O diar, o diar! Mi fydd hyn yn siom eto i'r Capten.

Dyma ni, syr.

Shwmae, Capten!

Tintin! Shwd wyt ti? Wel? Oes newyddion am Ephraim?

Dim byd, mae arna i ofn.

O, reit...

WOWOW
GRRR
FFTT

Milyn, dere fan hyn nawr!

Wowow!
Wowow!

DRRRING

Helo?... Ie, fi sy 'ma... A pwy 'ch chi?... O, wel, oes 'da chi newyddion?... Beth?

Beth wedoch chi?... Mewn garej?... Deuddydd yn ôl?... A wedyn aethon nhw bant 'to?... Diawl eriôd!

!?

Helo?...
Helo?

Am y tro ola, Milyn, gad lonydd i'r gath 'na!

Picls Porthcawl! Ni off!

?

Arhoswch, Capten... Be sy'n digwydd?

Capten!... Arhoswch!...

BANG

Capten!

BANG

Agorwch y drws, Capten!

Syr!... Myfi, Nestor, sydd yma... Dim ateb... A ddylwn i fentro?...

Dewch! Edrychwch trwy dwll y clo!

Chi'n gweld rhywbeth?

Dim...

?

Bant â'r cart!

(51)

I ble, Capten?

Gwydryn bach clou i roi fi ar ben y ffordd, a wedyn ni'n mynd!

!

Wowow! Wowow!

Milyn! Dere nôl nawr!

Wowow! Wowow!

!

?!?

Milyn! Beth wyt ti 'di neud?

CLEC

Dere fan hyn!

Milyn! Aros!

Yn y cyfamser...

Un joch fach arall...

Ephraim bach, be sy wedi digwydd i chi?

Llwncdestun i chi 'rhen Ephraim... Fi'n addo dod o hyd i chi, wir i ddyn byw!...

Ie, ie, ond sawl tro sy rhaid i fi 'weud? Ymhellach i'r chwith!

Reit, o hyn mlaen, rwyt ti'n mynd i fihafio dy hunan, neu bydd rhaid i fi roi ffrwyn arnot ti! Deall?

Be sy'n bod nawr? Mae syched arnot ti, oes e?...

Mmmm... Hei, ma' bywyd yn y dŵr 'ma!

53

Ac yn ddiymdroi......

Nawr, Capten, wnewch chi ddweud wrtha i, i ble ŷn ni'n mynd?

Abermeddwyn!

Galwad ffôn yr heddlu... Deuddydd yn ôl, fe welodd rhywun y car brown golau mewn garej yn Abermeddwyn, cyn gyrru i gyfeiriad y dociau. Felly 'sdim dwywaith eu bod nhw wedi mynd i Abermeddwyn a byrddio llong gydag Ephraim!

Os ewn ni ar eu hôl nhw, bydd 'da ni gyfle i gael Ephraim nôl mewn un pishyn, mâs o afael y diawled yffarn... Diawch, fi'n edrych mlaen at gamu nôl i ganol y llongau yn y docie, teimlo gwynt y de a'r heli hallt yn tasgu ar fy ngwyneb...

Ac ar y gair, Capten, dyma fe'n tasgu ar eich gwyneb!

Cocls Ceinewydd, myn yffach i!... Dere glou, cyn y dilyw...

Be sy?

Ma'r blwmin peth 'ma wedi dala'n sownd!... Haws tynnu o'r sêt ffrynt, falle...

O, mawredd y moroedd mawr!

Iawn, dyna ni.

Hen bryd!

(54)

A nawr fi'n shwps!

Wastad yn digwydd i fi!

Reit... Wedi sychu mâs tamed bach nawr...

Pwdryn yffarn! Canibal! Y ci cnec! Y twrch trwyth gythrel!

Welest ti'r yffarn twp?

Dewch, Capten, neu wnawn ni fyth gyrraedd...

Pan gyrhaeddwn ni Abermeddwyn, bydd rhaid mynd yn syth at yr heddlu am y newyddion diweddaraf...

Ymhen hir a hwyr...

Dim rhagor o newyddion, mae'n flin gen i... Do, fe welwyd car brown golau, ond wyddon ni ddim os oedd eich cyfaill ynddo. Mae'n debyg i'r car yrru ymlaen ar hyd yr arfordir... Ond ers hynny, does dim sôn wedi bod... Mae'r car wedi diflannu'n llwyr.

Mae'r chwilio'n parhau, ond does dim datblygiadau newydd. Esgusodwch fi...

Helo?... Ie, yr Arolygydd Idris Vaughan sy'n siarad... Beth? Eto? Ond ble?... Dociau Abermeddwyn?... Chi gant y cant yn sicr?... Rhagorol...

55

Gyfeillion, mae pethau'n mynd o'ch plaid! Maen nhw wedi dod o hyd i'r car brown golau yn un o'r dociau. Dewch, fe awn ni i'w weld gyda'n gilydd.

Diolch i chi...

Daeth y llong i'r doc a tharo rhywbeth o dan y dŵr... Ac yna, wrth i ni glirio, dyma ddaeth i'r golwg.

Oes rhywbeth allai fod o help i ddod o hyd i'r perchennog? Rhif y car, neu rif yr injan?

Dim byd o gwbl, syr. Doedd dim platiau rhif ar y car, ac mae rhif yr injan wedi'i ffeilio i ffwrdd... Mae'r car yn un digon cyffredin ac mae'n annhebygol o down ni o hyd i'r perchennog.

Wela i...

O leia fe allwn fod yn eitha sicr fod y rhai wnaeth gipio'r Athro Efflwfia wedi ceisio cael gwared ar y car yn y doc fan hyn, cyn byrddio ar long yn morio oddi yma.

Mae hynny'n bosib...

Rhaid i ni symud ar fyrder ac anfon disgrifiad o'ch cyfaill at bob llong sydd wedi gadael Abermeddwyn ers y 14eg o'r mis... Hwyrach y daw rhywbeth o hynny.

Diolch i chi am eich cymorth... Rhowch wybod i ni sut aiff hi.

Rhwng un peth a'r llall, 'smo ni damed callach nawr nag ôn ni ddoe...

Chi'n iawn.

Mae'r llong yna ar fin morio i Dde America... Diawch, pwy a wŷr, falle fod Ephraim arni'n barod.

Ond... Mam fach!... Ie, dyna pwy yw e!

Hei, dewch nôl!

Un funud!

Benllywydd Alcazar!

¡Ay Dios de mi vida!... ¡Tintin, amigo mio!

Braf eich gweld, Benllywydd... Ydych chi'n teithio dramor i berfformio?

Perfformio? Caramba!... Rwyf yn dychwelyd adre i'm gwlad fy hun... Sut fedra i barhau i berfformio heb bartner?

Heb bartner?... Ond beth ddigwyddodd i Chiquito?

Wedi diflannu oddi ar wyneb y ddaear!... Ers tridiau... Ond, cyn teithio i Ewrop gyda mi, dywedodd y byddai'n fy ngadael un diwrnod, ac na ddylwn chwilio amdano... A dyna sut y mae.

Ers tridiau?... Diflannu ar y 13eg felly... Ym, clywch, ydy Chiquito o wir dras brodorol De America?

O wir dras?... Santa Madre de Dios!... Chiquito yw un o ddisgynyddion brenhinol olaf yr Inca!

Un o ddisgynyddion brenhinol yr Inca? Ydych chi'n sicr o hynny?

Yn gwbl sicr, Tintin. Mae gwaed coch Atahualpa yn ysu trwyddo... Enw ar gyfer perfformio yn unig yw Chiquito... Ei enw go iawn ydy Rupac Inca Huaco.

Rupac Inca Huaco?... 'Sgwn i... Y dyn yn eistedd nesaf at y gyrrwr yn y car brown golau...

Car brown golau?

Welsoch chi Chiquito erioed yng nghwmni dyn eitha crwn, dyn gyda mwstash du ac yn gwisgo sbectol?... Dyn o Periw falle...

Naddo, byth... Dim ond efo mi y byddai Chiquito yn siarad, byth efo neb arall.

PŴŴŴŴP

Caramba! Rhaid i mi fynd... Adios, amigo mio... Cawn gyfarfod eto rhyw ddydd!

Pob hwyl!

Llong ar adael!

Wel, pwy welest ti draw fan 'na?

Y Penllywydd Alcazar.

Sgwrs ddiddorol... Dyw Alcazar heb weld ei bartner Chiquito ers y 13eg, sef y noson yr ymosodwyd ar yr Athro Bachymbyd ac y diflannodd eurdorch Rascar Capac... A'r diwrnod nesa, cafodd yr Athro Efflwfia ei gipio.

Ond clywch hyn, enw go iawn Chiquito yw Rupac Inca Huaco, ac mae e'n perthyn i linach brenhinol yr Inca!

Sut?

Mae'n beth rhyfedd fod popeth wedi digwydd yr un pryd.

Hei! Hwp! Beth yn y byd?!...

Yffarn dân, bois! Beth gythrel ŷch chi'n neud?!

Hei, jacyracs! Gad fi lawr!

Flin 'da fi, Capten...

Y twmffat twp â ti!

Dewch, Capten...

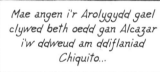

Mae angen i'r Arolygydd gael clywed beth oedd gan Alcazar i'w ddweud am ddiflaniad Chiquito...

Iawn, mae'r manylion gen i nawr... Fe awn ni ar drywydd y brawd Chiquito yn ddiymdroi... Mae'n bosib iawn ei fod ynghlwm â'r holl fusnes... Beth bynnag, fe wna i gysylltu os oes unrhyw ddatblygiadau.

Dyna ni. Beth wnawn ni nawr, Capten?

'Sda fi ddim clem.

Hei, mae gen i syniad...

Beth?

Beth am i ni fynd i ddweud helo wrth eich hen gyfaill, Capten Caio?[1] Fe ddwedoch chi ddoe fod ei long, y Sirius, wedi docio ym Mhorthymeddwyn.

Syniad da!

Nawr dere i ni ddod o hyd i'r Sirius... Fe wedodd Caio mai ar lanfa rhif 18 oedd hi... Fe holwn ni'r bachan hyn fan hyn...

Y Sirius? Ia, yn fama oedd hi, ond mi nath hi forio efo'r llanw cynnar heddiw... Caws caled, hogia!

Caws caled, myn yffarn i... Nelen i unrhyw beth am y cliw lleia...

Caws caled!

Aaaaw!

Caws caled neu het galed... Hen jôc, bricsen wedi'i chuddio o dan het!

Yff-arn-dâân! Aaaaaaaw!

Hei! Nhw wnaeth guddio'r fricsen, Capten!

Y cryts yffarn! Yr hwligans! Yn jael dylech chi fod!

Na, Capten, peidiwch... Gallai taflu'r fricsen fod yn beryglus!

Ti'n iawn... Ta beth, ma'r ddou bripsyn wedi'i heglu 'ddi.

Ond cofia, os caf i afael arnyn nhw, byddan nhw'n difaru croesi Capten Hadog!

BWMP
SBLASH
?

nweler **Y SEREN WIB**

 Ffiw... Credu bo ni'n saff...

 Dere, Milyn... Hei, be sy 'da ti?... Het?

 Rhacsyn o beth... Dyma'r het wnaeth y Capten roi cic iddi!

 Nawr, gad hi... Paid â mynd ar ei hôl, Milyn!

 Dere nôl nawr! Mae'r hen het yna'n fochedd!

 Wyt ti'n mynd i fy anwybyddu ar bob cyfle?

 Reit, dim ond un ateb sydd...

 I mewn i'r dŵr â hi, a dyna ddiwedd ar dy gêm fach!

 Nawr dere, Milyn... Nawr! Wowow! Wowow!

 SBLASH

 Wyt ti am wneud ffŵl ohona i?

 Diawch... Wyt ti'n disgwyl i fi wisgo'r het neu beth?

 Wedyn bydden i'n edrych yn gwmws fel... Ond... Does bosib?!

Capten!... Mae Milyn wedi dod o hyd i het yr Athro Efflwfia!

Hen het fach gron yr Athro Efflwfia... A drychwch, mae ei enw ar y tu mewn!

Ephraim Recorde Efflwfia... Ond felly...

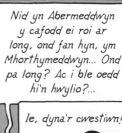

Nid yn Abermeddwyn y cafodd ei roi ar long, ond fan hyn, ym Mhorthymeddwyn... Ond pa long? Ac i ble oedd hi'n hwylio?...

Ie, dyna'r cwestiwn!

Yn gynta, bydd rhaid dod o hyd i'r ddau fachgen wnaeth guddio'r fricsen o dan yr het...

Eitha reit, ac fe gewn nhw goten 'da fi!

Ddim o gwbwl, Capten... Cofiwch mai nhw sy'n gyfrifol am ein bod wedi dod o hyd i'r het... A nawr, rŷn ni eisie iddyn nhw ddweud ble wnaethon nhw ei ffeindio hi.

O, fi'n gweld...

A diolch i ti, Milyn, y ci bach diwyd, mae gyda ni gliw pendant fod yr Athro Efflwfia wedi bod yma... Nawr, wyt ti'n gallu dod o hyd i'r ddau fachgen wnest ti redeg ar eu hôl?

Ymhen dim...

?

Hei, Ffliwc, ble ti'n mynd?

Shwmae!

!

Paid â phoeni, dwyt ti ddim mewn trwbwl... Ond wyt ti'n gallu dweud wrtha i ble gest ti hyd i'r het 'ma?

Yr het?... Ym, bore 'ma, lawr wrth y warws ar lanfa 17... Roedd cratiau yn cael eu llwytho i long y Bohlabuch...

...ac wrth iddyn nhw godi un o'r cratiau allan o'r sied, dyna lle'r oedd yr het wedi'i gwasgu'n fflat fel pancosen... Ond syniad fy ffrind Ffliwc oedd y cyfan...

Wel, roedd syniad Ffliwc yn un rhagorol... On'd oedd e, Capten?

Nawr, draw at swyddfa meistr y porthladd i ddarganfod pa gratiau oedd yn cael eu llwytho o'r warws ar lanfa 17...

Gadewch i mi weld... Fe gyrhaeddodd y cratiau ar y trên ar y 14eg... A'u llwytho y bore 'ma i long nwyddau'r Bohlabuch.

Beth oedd enw'r llong ar lanfa 17 y noson cyn i'r cratiau gyrraedd?

Sef ar y 13eg?... Dewch i ni weld... Dyma ni, y Pachacamac, llong fasnach o Callao, Periw... Wedi cyrraedd yma ar y 12fed yn cludo cargo o gwano, cyn gadael eto i fynd nôl i Callao ar fore'r 14eg yn cludo pren fel cargo.

Diolch, mae hynna'n help mawr.

Iawn, Capten, mae'r Athro Efflwfia wedi cael ei gipio gan Chiquito. Maen nhw ar hyn o bryd ar y Pachacamac, yn hwylio i brif borthladd Periw.

Mawredd 'chan, ma' rhaid i ni fynd ar ôl y jiawled ac achub Ephraim!

Rwy'n cytuno. Fe wnawn ni fynd i Periw cyn gynted ag y gallwn ni... Fory neu drennydd... Ond yn gynta, rwy'n mynd i ddweud y cyfan wrth yr Arolygydd.

Iawn, ac fe wna i roi gwybod i Nestor ein bod ni'n paratoi i hedfan!

Helo?... Ie, Vaughan sy'n siarad... Beth? Het yr Athro Efflwfia? Ond... Wrth gwrs... Llong y Pachacamac yn morio i Callao... Mae'r dystiolaeth yn gryf... Iawn, fe wna i'r trefniadau perthnasol... Beth? Rŷch chi'ch dau yn mynd i Callao? Ond mae hynny'n hurt... Wel, os felly, siwrne saff i chi.

Drannoeth...

Esgusodwch fi, ond ai dyna'r awyren sy'n hedfan i Dde America?

Ie, honna yw hi.

Mae hyn yn drychineb! Fedra i ddim dychmygu unrhyw beth gwaeth... Fy meistr, druan ag e!

Oes rhywbeth difrifol o'i le?

Difrifol eithriadol, os ca i ddweud! Mae fy meistr wedi hedfan i ffwrdd heb yr un monocl glân!

!

Periw nesa... Fe fyddwn ni yn Callao cyn fod y Pachacamac yn cyrraedd, ac fe allwn ni gysylltu â'r heddlu yno. Yna, pan gyrhaeddith y llong, fe achubwn ni yr Athro Efflwfia.

Mae'r cynllun yn un gwych, ond tybed a fydd pethe mor rhwydd â hynny...

Felly, ymlaen i Callao, Periw, i barhau â'r stori - **TEML YR HAUL**